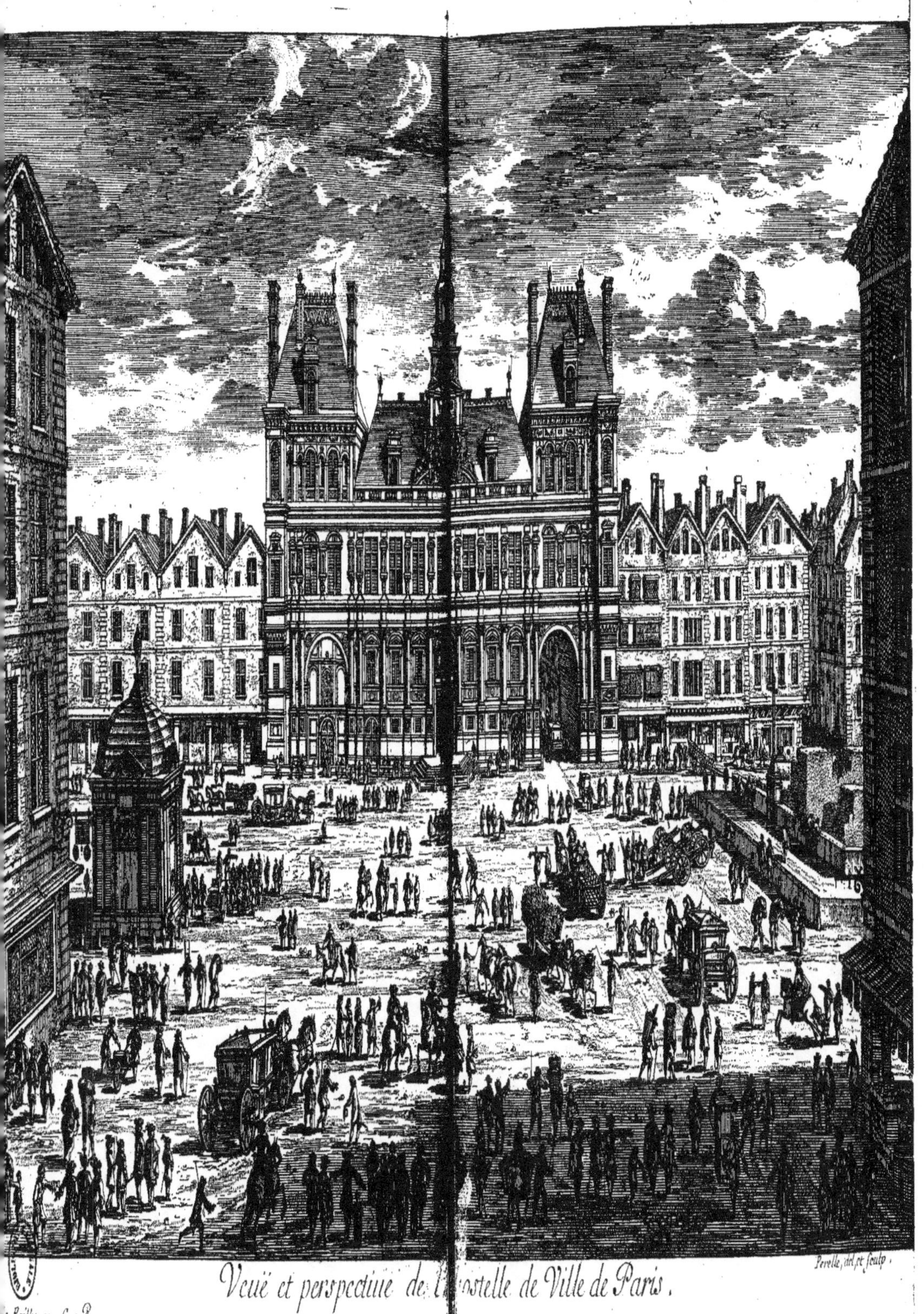

Perelle, del. et sculp.

Veuë et perspectiue de l'Hostelle de Ville de Paris.

[illegible] Poilly, exc. C. p. R.

LE TRIOMPHE DE BACCHVS DANS LES INDES.

MASCARADE.

Danſée deuant ſa Majeſté le 9. Ianuier 1666.

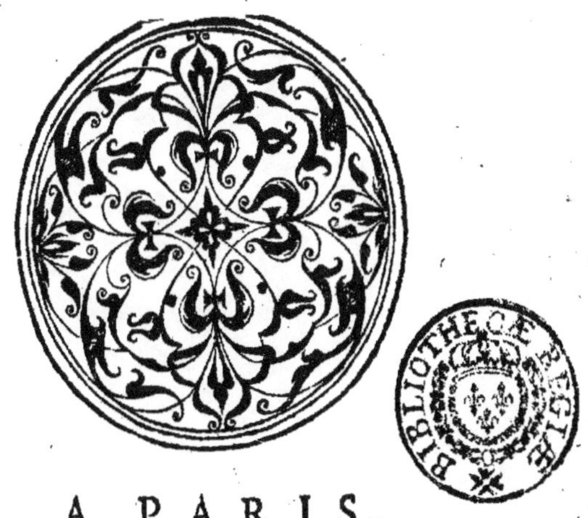

A PARIS,
Par ROBERT BALLARD, ſeul Imprimeur du Roy, pour la Muſique.

M. DC. LXVI.

Auec Priuilege de ſa Majeſté.

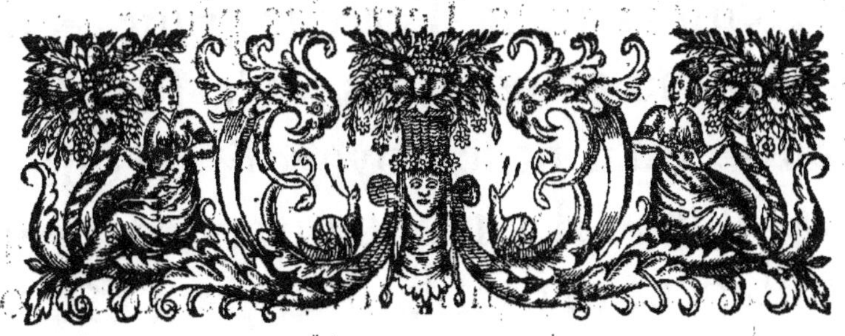

LE TRIOMPHE DE BACCHVS DANS LES INDES.

MASCARADE.

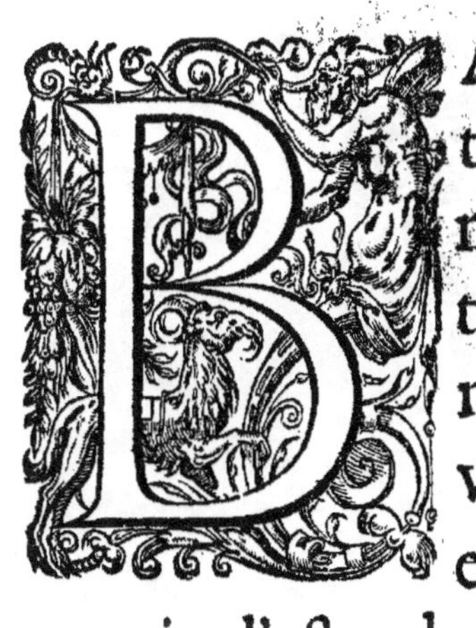

Acchus n'estant pas content d'auoir fait reconnoistre sa puissance par toutes les Nations du monde les plus celebres, voulut porter sa gloire encore plus loin, & entreprit d'estendre son empire jusques aux extremitez de la Terre les plus reculées, & les moins connuës. Ce fut dans ce dessein qu'il fit le voyage & la conqueste des Indes. Il y trouua d'abord quelque resistance: mais il la surmonta bien-tost, & auec peu de peine. Il eust enfin l'auantage d'entrer en triomphe dans ces belles Contrées, ou pas vn des Conquerants auant luy n'auoit jamais osé penetrer; & c'est de son Entrée triomphante dans vn Pays si delicieux, que se forme le sujet de cette Mascarade.

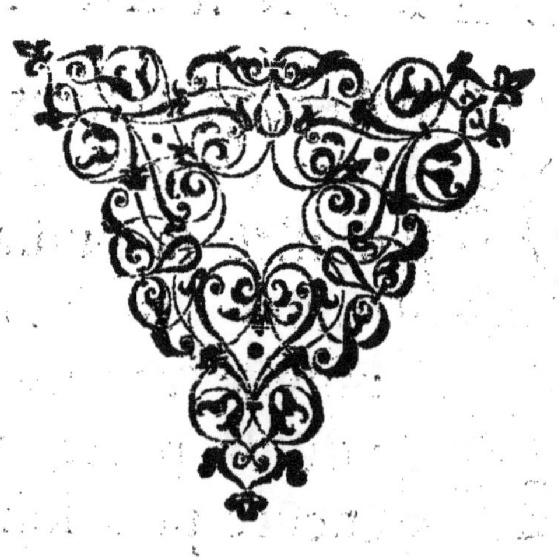

LE Theatre repreſente vn des plus beaux Payſages que la nature puiſſe produire, au fonds duquel on découure vn Antre, ou l'on a preparé vne eſpece de Throſne, qui tout ruſtique qu'il eſt, ne laiſſe pas d'auoir beaucoup d'agrément.

Du creux de cét Antre ſort le bon homme Silene, qui comme le plus zelé des Courtiſans de Bacchus, vient le premier annoncer ſon Triomphe.

RECIT DE SILENE

Chanté par M. d'Eſtiual.

C'Eſt dans ces Climats eſcartez,
Que le Soleil ſortant de l'Onde
Reſpand ſes premieres clartez,
Et ſa chaleur la plus feconde:
BACCHVS *vient aujourd'huy triompher dans ces lieux,*
Et ſon Empire glorieux
Ne ſera plus borné que des bornes du Monde.

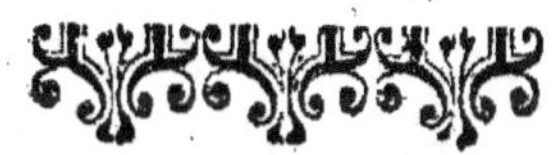

PREMIERE ENTRE'E.

LEs Cobales, ou Esprits folets, qui sont toûjours de la compagnie de Bacchus, s'empressent aussi des premiers en cette occasion, pour tesmoigner leur joye par vne Dance badine qu'ils font autour de Silene.

Esprits folets.

Les Sieurs de Lorge, des Airs le Cadet,
la Pierre, & Noblet.

Silene fait cesser les badinages des Esprits folets, dont il commence d'estre importuné, en les faisant souuenir du respect qu'ils doiuent à la presence de Bacchus qui s'approche.

RECIT DE SILENE, AVX ESPRITS FOLETS
Chanté par M. d'Estiual.

INterrompeZ vos badinages
Lutins, folastres Dieux du fracas & du bruit,
RespecteZ Bacchus qui vous suit,
Et du moins vne fois essayeZ d'estre sages.

II. ENTRE'E.

BAcchus couronné de Pampre, & le Thyrſe à la main, fait paroiſtre la ſatisfaction qu'il a de ſa nouuelle Conqueſte.

Bacchus. M. Beauchamp.

La Nymphe de l'Inde vient repreſenter à Bacchus la felicité dont on jouït dans ces Climats agreables, & le prie de n'en troubler point le douceur.

RECIT DE LA NYMPHE DE L'INDE.

Chanté par Mad^lle. Hylaire.

VOicy l'heureux ſejour des innocents plaiſirs,
On n'a point d'autres loix icy que ſes deſirs,
Au bonheur des Mortels en ces lieux tout conſpire:
Les maux ſont inconnus dans ce Païs charmant,
Et ſi, par fois, on y ſoûpire,
Ce n'eſt que d'amour ſeulement.

Bacchus, ne troublez point noſtre felicité?
Voſtre Diuin Pouuoir doit eſtre reſpecté:
Mais chaſſez loin de Nous les fureurs qu'il inſpire,
Si vous voulez regner dans vn ſi beau ſejour,
Parmy les loix de voſtre Empire,
Meſlez les douceurs de l'Amour.

III. ENTRE'E.

TAndis que Bacchus, pour aſſûrer la Nymphe de la douceur de ſon Empire, la conduit à ſon Throſne, & s'y place aupres d'elle: des Indiens & des Indiennes viennent ſalüer ce Dieu Triomphant, & luy rendre des honneurs à leur mode.

Indiens. Les Sieurs Doliuet, & le Chantre.
Indiennes. Les Sieurs Bonard, & de Gan.

Silene à qui le ſerieux des Indiens ne plaiſt pas, les inuite à s'en deffaire, pour prendre l'enjouëment qui doit regner dans l'Empire de Bacchus, & pour les y mieux engager, il appelle les Siluains & les Bacchantes.

RECIT DE SILENE AVX INDIENS, AVX SILVAINS, & aux Bacchantes.

Chanté par M. d'Eſtiual.

QVittez ces demarches lentes,
Et vos poſtures languiſſantes;
Pour croiſtre vos plaiſirs Bacchus vient parmy vous:
Vn Dieu ſi plein d'appas n'a que des loix charmantes.

Venez

Venez Siluains, venez Bacchantes;
Venez, accourez tous,
Venez leur inſpirer vos tranſports les plus doux.

IV. ENTRE'E.

LEs Siluains paroiſſent d'vn coſté, & les Bacchantes de l'autre, les Vns auec des Fluſtes, les Autres auec de petits tambours, & tous enſemble conuïent les Indiens de prendre part aux tranſports de joye que le regne de Bacchus inſpire.

Siluains. Meſſieurs Mançeau, Payſan, Balthaſar, & des Airs laiſné.

Bacchantes. Les Sieurs la Pierre, & Noblet.

V. ENTRE'E.

LEs Indiens charmez des Inſtruments, & de la Danſe des Bacchantes & des Siluains, s'engagent inſenſiblement à danſer auec eux.

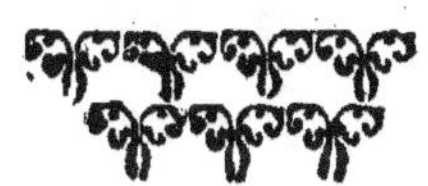

VI. ET DERNIERE ENTRE'E.

BAcchus ſuiuy des Eſprits folets ſe vient joindre aux Indiens, Siluains, & Bacchantes, & pour acheuer ſon Triomphe, au milieu de cette Danſe generale, la Nymphe de l'Inde & Silene, joignent leurs voix pour chanter les loüanges de ce Dieu victorieux, & pour publier les charmes de ſon Empire.

CHANSON DE LA NYMPHE DE L'INDE, ET DE SILENE ENSEMBLE.

Chantée par Mad[lle.] Hylaire, & par M. d'Eſtiual.

QVe ce Dieu merite qu'on l'ayme!
Qu'il ſçait bien enchanter nos ſens!
Admirons ſes attraits puiſſants:
Son regne eſt charmant, ſa douceur eſt extreſme,
Les Plaiſirs, l'Amour luy-meſme,
Sans Bacchus ne ſont que languiſſants.

Que chacun luy rende les armes,
Que ſon Throſne ſoit affermy;
Le chagrin eſt ſon ennemy,
Viuons ſous ſes loix ſans ennuis, ſans allarmes;
Qui n'a point connû ſes charmes
Ne connoit les plaiſirs qu'à demy.

BACCHUS
AU ROY.

Grand Roy, pour arrester vos yeux quelques moments,
J'ay quitté mes fureurs, & mes déreglements,
Et n'ay voulu mesler qu'un Triomphe à vos Festes;
Tant de soins pour la gloire, & tant d'empressements
Nous font connoistre assez quels sont vos sentiments,
Et que de l'humeur dont Vous estes,
Les Triomphes, & les Conquestes
Sont vos plus doux amusements.

FIN.

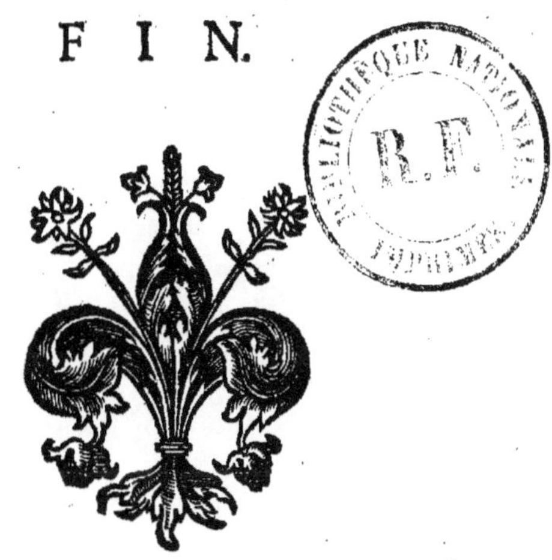

www.ingramcontent.com/pod-product-compliance
Lightning Source LLC
LaVergne TN
LVHW010338230826
846091LV00009B/3922

* 9 7 8 2 3 2 9 6 2 7 0 2 1 *